**Mellie Eliel**

# Le guide complet pour améliorer votre qualité de vie :

# Du physique au spirituel

-

# Le Silence, la solitude, le temps

Nouvelle

# Mellie Eliel

© Tous droits réservés
© Mellie Eliel, 2024
ISBN : 978-2-3225-5411-9
Dépôt légal : Janvier 2025

Parution: déc.2024

Édition : BoD · Books on Demand GmbH,
In de Tarpen 42, 22848 Norderstedt (Allemagne)
Impression : Libri Plureos GmbH, Friedensallee 273,
22763 Hamburg (Allemagne)

Le code de la propriété intellectuelle n'autorisant aux termes des paragraphes 2 et 3 de l'article L.122-5, d'une part, que les copies ou reproductions strictement réservées à l'usage privé du copiste et non destinées à une utilisation collective et, d'autre part, sous réserve du nom de l'auteur et de la source, que les analyses et les courtes citations justifiées par le caractère critique, polémique, pédagogique, scientifique ou d'information, toute représentation ou reproduction intégrale ou partielle, faite sans le consentement de l'auteur ou de ses ayants droit ou ayants cause, est illicite (article L.122-4). Cette représentation ou reproduction, par quelque procédé que ce soit, constituerait donc une contrefaçon sanctionnée par les articles L.335-2 et suivants du Code de la propriété intellectuelle.

## Guide du Bien-être : Votre Plan d'Action Personnalisé

### Introduction

Bienvenue dans ce guide conçu pour vous accompagner vers un bien-être global. En explorant les différentes dimensions de votre être (physique, mental, émotionnel et spirituel), vous découvrirez des outils et des stratégies pour améliorer votre qualité de vie.

### Partie 1 : Évaluer son bien-être actuel

- **Qu'est-ce que le bien-être ?** Le bien-être est un état d'équilibre global qui se traduit par une bonne santé physique, mentale et émotionnelle, ainsi qu'un sentiment de satisfaction et d'épanouissement personnel.

- **Les piliers du bien-être :**
    - **Physique :** alimentation, activité physique, sommeil, hygiène de vie.
    - **Mental :** pensées, émotions, concentration, apprentissage.

- o **Émotionnel** : gestion des émotions, relations sociales, estime de soi.
- o **Spirituel** : sens de la vie, valeurs, croyances.

- **Évaluer son état actuel :**
  - o **Questionnaire personnalisé :** Répondez à un questionnaire détaillé pour évaluer chaque pilier de votre bien-être.
  - o **Journal de bord :** Tenez un journal pour suivre vos progrès et identifier les domaines à améliorer.
  - o **Roue de la vie :** Visualisez votre bien-être sous forme de roue pour identifier les aspects sur lesquels vous souhaitez vous concentrer.

**Exemple de question de questionnaire :** Sur une échelle de 1 à 10, à quel point vous sentez-vous satisfait de votre alimentation ?

**Partie 2 : Nourrir son corps**
- **L'alimentation : le carburant de notre corps**

- o **L'assiette équilibrée :** Composez vos repas avec des fruits, des légumes, des céréales complètes, des protéines et des produits laitiers.
- o **Hydratation :** Buvez au moins 1,5 litre d'eau par jour.
- o **Les superaliments :** Intégrez des aliments riches en nutriments comme les baies, les graines et les légumes verts feuillus.

- **Le mouvement : un allié santé**
  - o **Trouvez l'activité qui vous plaît :** Marche, course, danse, yoga...
  - o **Fixez-vous des objectifs réalisables :** Commencez par 30 minutes d'activité physique modérée par jour.
  - o **Variez les plaisirs :** Alternez les activités pour éviter la monotonie.

- **Le sommeil : la clé de la récupération**
  - o **Créez un environnement propice au sommeil :** Chambre sombre, silencieuse et fraîche.

- o   **Adoptez une routine relaxante avant de dormir :** Lecture, bain chaud, méditation.

- **L'hygiène de vie :**
    - o   **Réduisez le stress :** Pratiquez des techniques de relaxation comme la respiration profonde ou la méditation.
    - o   **Limitez la consommation d'alcool et de tabac :** Ces substances peuvent perturber votre sommeil et votre santé en général.

**Partie 3 : Cultiver son esprit**

- **La méditation : une pause pour l'esprit**
    - o   **Les bienfaits de la méditation :** Réduction du stress, amélioration de la concentration, augmentation de la bienveillance.
    - o   **Techniques de méditation :** Respiration consciente, méditation guidée, méditation en pleine conscience.
- **Le développement personnel :**

- o **Fixez-vous des objectifs SMART :** Spécifiques, Mesurables, Atteignables, Réalistes, Temporels.
- o **Développez votre confiance en vous :** Pratiquez l'affirmation de soi et célébrez vos réussites.

- **La gestion du stress :**
  - o **Les techniques de relaxation :** Respiration profonde, relaxation musculaire progressive, visualisation.
  - o **L'organisation :** Utilisez un agenda ou une application pour vous aider à gérer votre temps.

- **La pensée positive :**
  - o **Les affirmations positives :** Répétez des phrases positives chaque jour pour renforcer votre estime de soi.
  - o **Le journal de gratitude :** Notez chaque jour les choses pour lesquelles vous êtes reconnaissant.

## Partie 4 : Épanouir son âme

### 4.1 La créativité : une source d'épanouissement

- **Libérer son potentiel créatif :** Explorer différentes formes d'expression artistique (peinture, musique, écriture, etc.).
- **L'art-thérapie :** Utiliser l'art comme outil pour exprimer ses émotions et améliorer son bien-être.
- **Créer un espace dédié à la créativité :** Aménager un coin inspirant chez soi pour stimuler l'imagination.

### 4.2 La spiritualité : un lien avec soi-même et le monde

- **Explorer différentes voies spirituelles :** Méditation, yoga, nature, bénévolat...
- **Trouver son propre chemin :** Chacun a sa propre spiritualité, l'important est de se sentir connecté à quelque chose de plus grand que soi.

- **Intégrer la spiritualité dans la vie quotidienne :** Pratiquer des rituels personnels (prière, gratitude, méditation).

## 4.3 Les relations humaines : le ciment de notre bien-être

- **Cultiver des relations positives :** Entretenir des liens forts avec ses proches et développer de nouvelles relations.
- **Communiquer efficacement :** Exprimer ses émotions, écouter activement, résoudre les conflits de manière constructive.
- **Donner et recevoir :** Le bénévolat et l'entraide sont des sources de bien-être pour soi et pour les autres.

## Partie 5 : Construire son avenir

### 5.1 Créer son tableau de vision

- **Visualiser ses objectifs :** Créer un tableau ou un collage représentant ses rêves et aspirations.

- **Définir des objectifs SMART :** Spécifiques, Mesurables, Atteignables, Réalistes, Temporels.
- **Affirmer ses croyances :** Se répéter des affirmations positives pour renforcer sa confiance en soi.

## 5.2 Mettre en place un plan d'action

- **Décomposer les objectifs en petites étapes :** Faciliter la réalisation.
- **Identifier les obstacles potentiels :** Anticiper les difficultés et trouver des solutions.
- **Suivre sa progression :** Utiliser un agenda ou une application pour suivre ses avancées.

## 5.3 Surmonter les obstacles

- **Adopter une attitude positive :** Voir les difficultés comme des opportunités d'apprentissage.
- **Demander de l'aide :** N'hésitez pas à solliciter l'aide de vos proches ou d'un professionnel.

- **Célébrer ses réussites :** Reconnaître ses progrès et se féliciter pour chaque étape franchie.

### 5.4 Intégrer le bien-être dans sa vie quotidienne

- **Créer des rituels :** Intégrer des moments de bien-être dans sa routine quotidienne (méditation matinale, soirée détente).
- **Trouver un équilibre :** Concilier vie professionnelle, vie personnelle et loisirs.
- **S'adapter aux changements :** La vie est en constante évolution, il est important de rester flexible et ouvert au changement.

### Partie 6 : Défis personnalisés et communauté

- **Défis créatifs :** Écriture créative, peinture, musique, photographie, etc.
- **Défis physiques :** Sport, randonnée, danse, yoga, etc.
- **Défis intellectuels :** Apprendre une nouvelle langue, lire un livre par mois, suivre des cours en ligne.

- **Défis spirituels :** Méditation, prière, connexion avec la nature.
- **Défis sociaux :** Bénévolat, rejoindre un groupe de discussion, organiser des événements.

**Qu'est-ce que le coaching spirituel ?**

Le coaching spirituel est un processus d'accompagnement qui vise à aider les individus à se connecter à leur essence profonde, à explorer leur potentiel et à vivre une vie alignée avec leurs valeurs et leurs aspirations les plus élevées. Il se distingue des autres formes de coaching en ce qu'il intègre une dimension spirituelle, c'est-à-dire une exploration de ce qui nous dépasse, de notre connexion à un tout plus grand.

**Les objectifs du coaching spirituel sont multiples :**

- **Découvrir son identité profonde :** Qui suis-je vraiment au-delà des rôles sociaux et des étiquettes ?

- **Libérer son potentiel :** Découvrir ses talents cachés et les mettre au service de sa vie.

- **Trouver un sens à la vie :** Donner un but à son existence et vivre en accord avec ses valeurs.

- **Surmonter les obstacles :** Identifier et surmonter les croyances limitantes et les peurs qui nous empêchent d'avancer.

- **Cultiver la paix intérieure :** Développer une relation harmonieuse avec soi-même et avec le monde.

- **Se connecter à une source supérieure :** Développer sa spiritualité, quelle que soit sa forme.

**En quoi le coaching spirituel diffère-t-il des autres formes de coaching ?**

- **Dimension holistique :** Le coaching spirituel prend en compte l'ensemble de la personne : le corps, l'esprit et l'âme.

- **Focus sur l'intériorité :** Il invite à une exploration profonde de soi, au-delà de la simple résolution de problèmes.

- **Connexion à un sens plus grand :** Il encourage à se connecter à quelque chose de plus grand que soi, à une force supérieure ou à un univers significatif.

- **Transformation profonde :** Il vise des transformations durables et profondes, allant au-delà des changements superficiels.

**Les différentes approches du coaching spirituel**

Il existe de nombreuses approches du coaching spirituel, chacune ayant ses propres spécificités :

- **Coaching basé sur les valeurs :** L'accent est mis sur l'identification et l'alignement avec ses valeurs fondamentales.

- **Coaching chamanique :** Il s'appuie sur les traditions chamaniques pour explorer les dimensions spirituelles de la personne.

- **Coaching énergétique :** Il utilise les techniques énergétiques pour équilibrer les énergies du corps et de l'esprit.

- **Coaching basé sur les chakras :** Il travaille sur les centres énergétiques du corps pour favoriser l'harmonie et le bien-être.

- **Coaching intégrant les enseignements des différentes traditions spirituelles :** Bouddhisme, christianisme, taoïsme, etc.

**Les valeurs du coaching spirituel**

- **Intégrité :** Le coach spirituel est authentique et intègre dans sa pratique.

- **Compassion :** Il fait preuve d'empathie et de bienveillance envers son client.

- **Respect :** Il respecte les croyances et les valeurs de son client.

- **Confidentialité :** Il garantit la confidentialité des échanges.

- **Ouverture d'esprit :** Il est ouvert à différentes perspectives et croyances.

## Explorer les croyances limitantes

Les croyances limitantes sont des pensées négatives et limitantes que nous avons intériorisées et qui nous empêchent d'atteindre notre plein potentiel. Pour les identifier, le coach peut utiliser différentes techniques :

- **Le journaling :** Encourager le client à écrire sur ses pensées et ses émotions.

- **La roue de la vie :** Visualiser les différents domaines de sa vie et identifier les zones où il se sent bloqué.

- **Les questions ouvertes :** Poser des questions qui invitent à la réflexion profonde.

Une fois les croyances limitantes identifiées, le coach peut aider le client à les transformer en utilisant des techniques telles que :

- **Les affirmations positives :** Remplacer les pensées négatives par des pensées positives.
- **La visualisation :** Imaginer une réalité différente où ces croyances n'existent plus.
- **Le recadrage :** Voir les situations sous un angle différent.

**Développer des stratégies d'action**

Après avoir identifié les croyances limitantes et les objectifs, le coach et le client peuvent cocréer un plan d'action personnalisé. Ce plan peut inclure :

- **La fixation d'objectifs SMART :** Spécifiques, Mesurables, Atteignables, Réalistes, Temporels.
- **La création d'habitudes positives :** Intégrer de nouvelles habitudes dans sa routine quotidienne.

- **Le soutien d'un groupe de pairs :** Rejoindre une communauté de personnes partageant les mêmes valeurs.

- **Le suivi régulier :** Organiser des séances de coaching régulières pour évaluer les progrès et ajuster le plan d'action si nécessaire.

**En conclusion,** le coaching spirituel offre un cadre pour explorer notre potentiel intérieur, dépasser nos limites et vivre une vie plus épanouie et alignée avec nos valeurs. C'est un voyage personnel qui nécessite un engagement sincère et une ouverture d'esprit.

**Partie 1 : L'environnement et son impact**

**Comment les objets portent des charges émotionnelles ?**

Chaque objet que nous possédons est imprégné de l'énergie des événements et des émotions que nous avons vécus en sa compagnie. Un cadeau reçu d'un proche, un souvenir d'un voyage, un vêtement lié à une rupture amoureuse... tous ces objets portent en eux une charge énergétique qui peut influencer notre état d'esprit.

**Exercices pour se débarrasser des objets inutiles :**

- **Le tri saisonnier :** Régulièrement, trier ses affaires et se séparer de ce qui n'est plus utilisé ou qui ne procure plus de joie.

- **La méthode des 4 boîtes :** Classer ses affaires en 4 catégories : à garder, à donner, à vendre, à jeter.

- **La règle des 12 mois :** Si un objet n'a pas été utilisé depuis un an, il est probable qu'il ne le sera plus.

- **Le vide-greniers énergétique :** Avant de se séparer d'un objet, remercier pour le service rendu et visualiser l'énergie négative qui s'en détache.

**Les bases du Feng Shui pour optimiser l'énergie de son environnement**

- **Les cinq éléments :** Bois, Feu, Terre, Métal, Eau. Comprendre comment ces éléments interagissent et comment les équilibrer dans son espace.

- **Les zones Bagua** : Diviser son espace en neuf zones représentant différents aspects de la vie (santé, richesse, relations, etc.).
- **Les couleurs** : Utiliser les couleurs pour créer une ambiance harmonieuse et stimulante.
- **L'aménagement de l'espace** : Organiser son espace de manière à favoriser la circulation de l'énergie.

**Partie 2 : La loi de l'attraction, la visualisation et l'affirmation de soi**

**La loi de l'attraction**

- **Explication simple** : Nos pensées créent notre réalité. Ce que nous pensons, nous l'attirons.
- **Mise en pratique** : Tenir un journal de gratitude, pratiquer la visualisation, utiliser des affirmations positives.

**La visualisation**

- **Technique de visualisation :** Créer des images mentales détaillées de ce que l'on souhaite.

- **Les différentes techniques de visualisation :** Voyage astral, tableau de vision.

- **L'importance de l'émotion :** Associer des émotions positives à ses visualisations.

**L'affirmation de soi**

- **Qu'est-ce qu'une affirmation positive ?** Une phrase courte et puissante qui exprime une qualité ou un désir.

- **Comment créer des affirmations efficaces ?** Elles doivent être positives, au présent et personnalisées.

- **Intégrer les affirmations dans son quotidien :** Les répéter régulièrement, les écrire, les afficher.

**Partie 3 : La pleine conscience**

**Les bienfaits de la pleine conscience**

- Réduction du stress et de l'anxiété
- Amélioration de la concentration et de la mémoire
- Augmentation de la compassion et de l'empathie
- Meilleure gestion des émotions

**Les techniques de la pleine conscience**

- **La méditation de pleine conscience :** Se concentrer sur le moment présent sans jugement.
- **La respiration consciente :** Porter son attention sur sa respiration.
- **La marche consciente :** Observer ses sensations corporelles et environnementales pendant une promenade.

**Intégrer la pleine conscience dans la vie quotidienne**

- **La pleine conscience dans les activités quotidiennes :** Manger, se laver, se déplacer.
- **Les mini-méditations :** Prendre quelques minutes chaque jour pour se recentrer.

**Partie 4 : Le pardon et la libération**

**Les bienfaits du pardon**

- Libération émotionnelle
- Amélioration des relations
- Paix intérieure
- Meilleure santé physique et mentale

**Les étapes du pardon**

- Identifier la blessure
- Exprimer ses émotions
- Pardonner à l'autre
- Pardonner à soi-même

**Les techniques de libération émotionnelle**

- **EFT (Emotional Freedom Techniques)** : Technique de tapping pour libérer les émotions négatives.

- **EMDR (Eye Movement Desensitization and Reprocessing)** : Technique utilisant les mouvements oculaires pour traiter les traumas.

**Partie 5 : Identifier ses passions, talents et valeurs**

- **Explorer ses intérêts** : Faire une liste de ses activités préférées, de ses passions d'enfance.

- **Identifier ses talents** : Demander l'avis de ses proches, réaliser des tests de personnalité.

- **Clarifier ses valeurs** : Définir ce qui est important pour soi dans la vie.

- **Fixer des objectifs SMART** : Spécifiques, Mesurables, Atteignables, Réalistes, Temporels.

- **Développer un plan d'action** : Décomposer les objectifs en petites étapes et définir un calendrier.

## Partie 6 : Identifier et transformer les croyances limitantes

- **Identifier les croyances limitantes** : Prêter attention à ses pensées négatives récurrentes.

- **Transformer les croyances limitantes** : Affirmations positives, visualisation, recadrage cognitif.

- **Gérer la peur de l'échec** : Accepter l'échec comme une opportunité d'apprentissage.

## Partie 7 : L'humilité et la maîtrise

- **L'importance de l'humilité** : Reconnaître ses limites, être ouvert aux autres, apprendre en continu.

- **Les bienfaits de l'humilité :** Meilleure relation avec les autres, plus grande sérénité, développement personnel.

- **Développer l'humilité :** Pratiquer la gratitude, s'intéresser aux autres, apprendre de ses erreurs.

**Le "pourquoi" : notre boussole intérieure**

**Comment un "pourquoi" clair motive et guide nos actions ?**

Un "pourquoi" clair, c'est comme une étoile polaire qui guide le marin en pleine nuit. Il nous donne une direction, un but, un sens à nos actions. Lorsque nous connaissons notre "pourquoi", nous sommes plus résistants aux difficultés, car nous savons pourquoi nous faisons ce que nous faisons.

- **Motivation intrinsèque :** Un "pourquoi" puissant nous motive de l'intérieur, sans avoir besoin d'une récompense extérieure.

- **Focus** : Il nous permet de nous concentrer sur ce qui est important et d'éliminer les distractions.

- **Résolution** : Face aux obstacles, nous sommes plus déterminés à trouver des solutions car nous savons que notre objectif en vaut la peine.

- **Résilience** : Un "pourquoi" solide nous aide à rebondir après les échecs et à persévérer.

**Exercice : Découvrir son "pourquoi"**

1. **Visualisation :** Imaginez-vous dans le futur, ayant accompli tout ce que vous désirez. Comment vous sentez-vous ? Que faites-vous ? Qui êtes-vous ?

2. **Valeurs fondamentales :** Identifiez les valeurs qui sont les plus importantes pour vous (honnêteté, compassion, liberté, etc.).

3. **Passions :** Quelles sont les activités qui vous passionnent et vous donnent de l'énergie ?

4. **Talents :** Quels sont vos talents naturels ? Comment pouvez-vous les mettre au service des autres ?

5. **Impact :** Quel impact souhaitez-vous avoir sur le monde ?

**Les bénéfices d'un "pourquoi" clair**

- **Sens de vie :** Un sentiment d'accomplissement et de satisfaction.

- **Résilience :** Une meilleure capacité à faire face aux difficultés.

- **Relations plus profondes :** Des relations basées sur des valeurs communes.

- **Croissance personnelle :** Une constante évolution et un développement de soi.

## L'âme et ses intentions

### Qu'est-ce que l'âme ?

L'âme, c'est cette partie de nous qui est éternelle, divine et connectée à tout ce qui existe. C'est notre essence, notre véritable nature.

### Les intentions de l'âme

Les intentions de l'âme sont les raisons profondes pour lesquelles nous sommes incarnés. Elles sont liées à notre évolution spirituelle et à notre contribution au monde.

### Comment l'âme communique

- **Intuition** : Une petite voix intérieure qui nous guide.

- **Rêves** : Des messages symboliques qui peuvent révéler nos désirs inconscients.

- **Synchronicités** : Des événements qui semblent se produire par hasard mais qui ont un sens profond.

- **Sensations corporelles :** Des ressentis physiques qui nous indiquent si nous sommes sur le bon chemin.

**L'ego vs l'âme**

L'ego est cette partie de nous qui cherche la reconnaissance, la sécurité et le contrôle. Il peut nous éloigner de nos véritables désirs en nous poussant à rechercher la validation extérieure.

**Exercice : Identifier les motivations** Tenez un journal pendant une semaine. Notez chaque jour vos pensées, vos émotions et vos actions. Puis, analysez ces notes pour identifier quelles motivations sont liées à votre ego (peur, besoin de reconnaissance, etc.) et quelles motivations sont liées à votre âme (joie, paix, sens).

**L'amour inconditionnel**

L'amour inconditionnel est un amour pur et désintéressé, sans attente en retour. Il s'agit d'accepter les autres tels qu'ils sont, avec leurs qualités et leurs défauts.

**Les bienfaits de l'amour inconditionnel :**

- Paix intérieure
- Relations plus profondes
- Réduction du stress
- Meilleure santé

**L'amour inconditionnel et la spiritualité**

L'amour inconditionnel est à la base de toutes les spiritualités. C'est l'énergie qui relie toutes les choses et qui nous unit à l'univers.

**Exercices pour cultiver l'amour inconditionnel**

- **Méditation de la compassion :** Visualiser des personnes que vous aimez et leur envoyer de l'amour.
- **Journal de gratitude :** Écrire chaque jour ce pour quoi vous êtes reconnaissant.
- **Actes de bienveillance :** Faire des choses pour les autres sans rien attendre en retour.

**La curiosité et l'intuition**

La curiosité est un moteur puissant qui nous pousse à explorer de nouveaux horizons. Elle nous permet de découvrir nos talents et nos passions.

**Renforcer son intuition**

- **Méditation :** Pratiquer la méditation régulièrement permet de se connecter à son intuition.

- **Journal de rêves :** Noter ses rêves et chercher des messages cachés.

- **Confiance en soi :** Croire en ses capacités et en sa capacité à prendre de bonnes décisions.

**Les synchronicités**

Les synchronicités sont des coïncidences significatives qui semblent nous guider. Elles sont souvent des messages de l'univers pour nous rappeler que nous sommes soutenus.

**Surmonter les obstacles**

- **Identifier les croyances limitantes :** Détecter les pensées négatives qui nous sabotent.

- **Changer de perspective :** Voir les obstacles comme des opportunités de croissance.

- **Demander de l'aide :** N'hésitez pas à vous entourer de personnes bienveillantes.

**Vivre une vie authentique**

En intégrant ces pratiques dans notre quotidien, nous pouvons vivre une vie plus alignée avec nos valeurs et nos aspirations profondes.

**Exemples de mise en pratique :**

- **Choisir un travail qui a du sens :** Un travail qui nous passionne et qui nous permet de servir les autres.

- **Cultiver des relations authentiques :** Entretenir des relations basées sur la confiance, l'honnêteté et le respect mutuel.

- **Prendre soin de soi :** Accorder du temps à ses besoins physiques, émotionnels et spirituels.

- **Continuer à apprendre :** Cultiver sa curiosité et se former tout au long de sa vie.

En suivant ces conseils, vous pourrez créer une vie plus épanouie et alignée avec votre véritable nature.

## La Compassion et la Charité : Piliers de l'Humanité

Nous avons vu que la compassion et la charité sont étroitement liées et fondées sur l'amour inconditionnel. En voici une exploration plus approfondie :

- **La compassion en action** : Au-delà de la simple empathie, la compassion nous pousse à agir. Cela peut se manifester sous forme de bénévolat, de soutien émotionnel, ou simplement d'un acte de gentillesse envers un étranger.

- **La charité comme expression de l'amour** : La charité ne se limite pas aux dons financiers. Elle englobe toutes les actions qui visent à améliorer le bien-être des autres, qu'il s'agisse de donner son temps, ses compétences ou simplement un sourire.

- **Les bienfaits de la compassion et de la charité** : Ces actes d'amour envers autrui ont un impact positif sur notre propre bien-être, en renforçant notre sentiment de connexion et de but.

### Le Vrai Pouvoir de l'Intuition

L'intuition est bien plus qu'un simple pressentiment. C'est un guide intérieur qui nous relie à notre sagesse innée.

- **Développer son intuition :**
    - **Méditation :** Pratiquer la méditation régulièrement permet de calmer l'esprit et d'accéder à un niveau de conscience plus profond.
    - **Journaling :** Écrire sur ses pensées, ses rêves et ses intuitions peut aider à les clarifier.
    - **Nature :** Passer du temps dans la nature favorise la connexion avec soi-même et l'univers.
    - **Confiance en soi :** Croire en sa capacité à prendre de bonnes décisions.

**La Technique du Double Objectif : Un Outil Pratique**

Cette technique est particulièrement utile pour décomposer de grands objectifs en étapes plus petites et plus gérables. Elle permet de :

- **Clarifier les objectifs :** En visualisant l'objectif final, on peut mieux définir les étapes intermédiaires.

- **Gagner en confiance :** En se concentrant sur des échéances plus courtes, on se sent moins dépassé.

- **Identifier les obstacles :** En décomposant le processus, on peut anticiper les défis et trouver des solutions.

**La Prière : Un Lien avec le Divin**

La prière est une pratique universelle qui permet de se connecter à une force supérieure. Elle offre un espace pour exprimer ses pensées, ses sentiments et ses besoins.

- **Les bienfaits de la prière :**
  - **Réconfort :** La prière peut apporter un sentiment de paix et de réconfort.
  - **Guidance :** Elle peut nous aider à trouver un sens à notre vie.
  - **Gratitude :** La prière nous permet d'exprimer notre gratitude pour les bénédictions que nous recevons.

**La Neurothéologie : Le Cerveau en Prière**

La neurothéologie est un domaine de recherche interdisciplinaire qui explore les bases neurologiques des expériences religieuses et spirituelles, y compris la prière. Les études dans ce domaine suggèrent que :

- **La prière active des réseaux cérébraux spécifiques :** Les régions du cerveau associées à la récompense, à l'empathie et à la régulation émotionnelle sont particulièrement sollicitées pendant la prière.

- **La plasticité cérébrale :** La pratique régulière de la prière peut entraîner des changements durables dans le cerveau, favorisant une plus grande paix intérieure et un bien-être accru.

- **Réduction du stress :** La prière active le système parasympathique, responsable de la relaxation, et réduit l'activité du système sympathique, associé au stress.

## Les Effets Placebo et la Prière

Les effets placebo sont des améliorations de l'état de santé qui ne peuvent être attribuées à un traitement médical, mais plutôt à la croyance d'un individu en son efficacité. La prière peut être considérée comme une forme de placebo, dans la mesure où la croyance en son pouvoir guérisseur peut influencer positivement la santé mentale et physique.

## La Cohérence Cardiaque et la Prière

Le cœur émet un champ électromagnétique qui influence le cerveau et le corps. La cohérence cardiaque, c'est-à-dire la synchronisation du rythme cardiaque et de la respiration, est associée à un état de calme et de bien-être. La prière, en favorisant la relaxation et la concentration, peut aider à atteindre cet état de cohérence cardiaque.

**Les Différentes Formes de Prière**

- **Prière personnelle :** Prière individuelle, adaptée aux besoins et croyances de chacun.

- **Prière communautaire :** Prière en groupe, renforçant le sentiment d'appartenance et créant une énergie collective.

- **Prière dans la nature :** Connexion avec la nature à travers la méditation, la contemplation et l'expression de gratitude.

- **Prière chantée :** Utilisation de chants, de mantras ou de psalmodies pour faciliter la concentration et l'émotion.

- **Prière dansée :** Expression de la spiritualité à travers le mouvement.

- **Prière artistique :** Création d'œuvres d'art comme forme de prière.

**La Création d'un Rituel Personnalisé**

Un rituel de prière personnalisé peut aider à rendre la pratique plus significative et engageante. Il peut inclure :

- **Un espace dédié :** Un endroit calme et inspirant pour prier.

- **Des objets symboliques :** Des bougies, des pierres, des images ou des objets qui ont une signification personnelle.

- **Des pratiques spécifiques :** Méditation, respiration profonde, visualisation, etc.

- **Des affirmations positives :** Des phrases répétées pour renforcer la foi et l'espoir.

**L'Intégration dans d'Autres Pratiques**

La prière peut être combinée avec d'autres pratiques pour un impact encore plus profond :

- **Yoga et méditation :** La prière peut être intégrée à la fin d'une séance de yoga ou de méditation pour approfondir la connexion spirituelle.
- **Thérapie :** La prière peut être un outil complémentaire dans le cadre d'une thérapie pour favoriser la guérison émotionnelle.
- **Arts martiaux :** Les arts martiaux intègrent souvent des aspects spirituels et peuvent être enrichis par la prière.

**Le Groupe de Prière**

Les groupes de prière offrent un espace sûr pour partager ses expériences, se soutenir mutuellement et renforcer sa foi. Les bénéfices des groupes de prière incluent :

- **Un sentiment d'appartenance :** Appartenir à une communauté spirituelle.

- **Le partage d'expériences :** Écouter les témoignages des autres et s'inspirer de leurs parcours.

- **Un soutien mutuel :** Se sentir soutenu et encouragé dans sa pratique spirituelle.

**La Prière et le Lâcher-prise**

La prière peut nous aider à lâcher prise sur nos attachements et à nous abandonner à la volonté supérieure. Cela nous permet de vivre avec plus de paix et de sérénité.

**La Prière et la Guérison**

La prière peut favoriser la guérison sur tous les niveaux : physique, émotionnel et spirituel. Elle peut renforcer le système immunitaire, accélérer la guérison et apporter un soutien émotionnel.

**La Prière et la Manifestation**

La prière peut être utilisée comme un outil pour manifester nos désirs les plus profonds. En nous concentrant sur ce que nous voulons créer, nous alignons notre énergie avec nos intentions.

## La Prière et la Conscience Collective

La prière collective peut avoir un impact significatif sur le monde. En nous unissant dans un but commun, nous pouvons créer une énergie positive qui contribue à un changement positif dans le monde.

## Le Journal de Prière

Tenir un journal de prière peut aider à suivre notre évolution spirituelle, à identifier les thèmes récurrents et à approfondir notre compréhension de nous-mêmes.

## La Création d'un Espace Sacré

Un espace sacré est un lieu dédié à la prière et à la méditation. Il peut être aménagé avec des objets symboliques, des bougies, des plantes, etc. Cet espace offre un refuge où se ressourcer et se connecter à l'énergie divine.

## L'Exploration de Différentes Formes de Prière

Il est important d'explorer différentes formes de prière pour trouver celles qui résonnent le plus avec nous. En expérimentant, nous pouvons découvrir de nouvelles façons de nous connecter à notre spiritualité.

**En conclusion,** la prière est une pratique riche et multiforme qui offre de nombreux bienfaits. En l'intégrant dans notre vie, nous pouvons cultiver la paix intérieure, renforcer nos relations et contribuer à un monde meilleur.

- **Le champ unifié :** Imaginez l'univers comme un océan d'énergie interconnectée. Chaque particule, chaque pensée, chaque émotion fait partie de ce tout. Le champ unifié est cette conscience universelle qui relie tout et tous. C'est un peu comme un réseau invisible qui connecte tous les êtres vivants et les objets.

- **La loi de l'attraction :** Selon cette loi, nous attirons à nous ce à quoi nous pensons. Nos pensées créent notre réalité. En focalisant notre attention sur des pensées positives et en cultivant des émotions positives, nous attirons des expériences positives dans notre vie.

- **Le karma :** Le karma est la loi de cause à effet. Chaque action a une conséquence, que ce soit dans cette vie ou dans une autre. Le karma nous invite à prendre responsabilité de nos actes et à comprendre que nos expériences sont le résultat de nos choix passés.

- **Les archétypes :** Ce sont des modèles universels de l'inconscient collectif. Ils représentent des aspects fondamentaux de l'expérience humaine, comme le héros, la mère, le sage, etc. Les archétypes peuvent nous aider à mieux comprendre nos comportements et nos motivations.

**La Mort et la Transition**

- **La mort comme transition :** La mort n'est pas une fin, mais plutôt un passage vers un autre état de conscience. C'est une transformation, une évolution.

- **Expériences de mort imminente (EMI)** : De nombreuses personnes ayant vécu une EMI rapportent des expériences hors du corps, des rencontres avec des êtres de lumière et un sentiment de paix profonde. Ces expériences suggèrent l'existence d'une conscience qui persiste après la mort physique.

- **Mort et réincarnation** : De nombreuses cultures croient en la réincarnation, l'idée que l'âme se réincarne dans différents corps pour poursuivre son évolution spirituelle.

- **Mort et écologie** : La mort est un élément essentiel du cycle de la vie. Elle nourrit la terre et permet à de nouvelles formes de vie d'émerger.

**Outils et Techniques pour le Coaching**

- **Journal de rêves** : En analysant nos rêves, nous pouvons accéder à notre inconscient et découvrir des informations précieuses sur nous-mêmes.

- **Méditation guidée :** La méditation permet de calmer l'esprit, de se connecter à son intuition et d'explorer les différents niveaux de conscience.

- **Constellations familiales :** Cette technique systémique permet de mettre en lumière les dynamiques familiales inconscientes et de libérer les blocages émotionnels.

- **Visualisation :** La visualisation est un outil puissant pour créer notre réalité. En visualisant nos objectifs, nous pouvons les manifester dans notre vie.

**Le Champ Unifié et la Conscience**

- **Implications pour la vie quotidienne :** Comprendre le champ unifié peut nous aider à développer une plus grande compassion, à cultiver des relations plus profondes et à vivre une vie plus alignée avec nos valeurs.

- **Expériences mystiques :** Les expériences mystiques sont souvent décrites comme une union avec le tout, une expérience de l'unité de toute chose.

### Qu'est-ce que la bénédiction ?

La bénédiction est un acte par lequel on invoque une force supérieure pour apporter la paix, la guérison, la protection ou la prospérité sur une personne, un objet ou une situation. C'est un geste empreint de bienveillance et de gratitude.

### Pourquoi la bénédiction est-elle importante ?

- **Bien-être émotionnel :** La bénédiction favorise la paix intérieure, réduit le stress et l'anxiété, et renforce la confiance en soi.

- **Bien-être physique :** Elle peut contribuer à améliorer la santé en renforçant le système immunitaire et en favorisant la guérison.

- **Croissance spirituelle :** La bénédiction nourrit l'âme et facilite la connexion à un sens plus profond de la vie.

- **Renforcement des liens :** Elle crée des liens plus forts avec les autres et avec le monde qui nous entoure.

**Les bienfaits de la bénédiction**

- **Sur le plan émotionnel :** La bénédiction apaise les émotions négatives, apporte de la joie et de la gratitude.

- **Sur le plan physique :** Elle peut soulager les douleurs, favoriser la relaxation et renforcer le système immunitaire.

- **Sur le plan spirituel :** Elle favorise la connexion à une source d'énergie supérieure et renforce la foi.

**Le processus de bénédiction**

Le processus de bénédiction peut varier en fonction des traditions et des individus, mais il comporte généralement les étapes suivantes :

1. **Préparation :** Créer un espace sacré, se centrer et se détendre.

2. **Intention** : Formuler clairement l'intention de bénir.

3. **Visualisation** : Visualiser l'énergie de la bénédiction enveloppant la personne, l'objet ou la situation.

4. **Affirmations** : Utiliser des affirmations positives pour renforcer l'intention.

5. **Gratitude** : Exprimer sa gratitude pour la possibilité de bénir.

**La bénédiction dans différentes cultures et traditions**

La bénédiction est présente dans toutes les grandes religions et cultures, sous des formes variées :

- **Religions abrahamiques** : Prières, bénédictions sacerdotales, imposition des mains.

- **Bouddhisme** : Pratiques de méditation et de compassion.

- **Hindouisme** : Mantras, puja (culte), et offrandes.

- **Spiritualités indigènes** : Cérémonies, rites de passage, et connexion à la nature.

**Exemples de pratiques**

- **Bénir sa nourriture** : Exprimer de la gratitude avant de manger.
- **Bénir son domicile** : Créer un espace de paix et de sérénité.
- **Bénir une relation** : Renforcer les liens avec les autres.
- **Bénir un projet** : Attirer la réussite et la prospérité.

**La bénédiction dans la vie quotidienne**

La bénédiction peut être intégrée dans la vie quotidienne de nombreuses manières :

- **Au réveil :** Commencer la journée avec une pensée positive et une bénédiction.

- **Avant un repas :** Exprimer de la gratitude pour la nourriture.

- **Avant de dormir :** Bénir sa journée et se préparer à un sommeil réparateur.

- **Dans les moments difficiles :** Utiliser la bénédiction comme ancre dans les moments de turbulence.

**Créer un espace sacré**

Un espace sacré peut être créé n'importe où et à tout moment. Il peut s'agir d'un coin dédié à la méditation, d'un endroit dans la nature, ou simplement d'un moment de calme intérieur.

**Obstacles et solutions**

Les obstacles les plus courants à la pratique de la bénédiction sont le doute, la peur et le manque de croyance. Pour les surmonter :

- **Commencer petit :** Commencez par des petites pratiques quotidiennes.

- **Être patient :** Les résultats ne sont pas toujours immédiats.

- **Se rappeler les bienfaits :** Se concentrer sur les bénéfices de la bénédiction.

- **Trouver un groupe de soutien :** Partager son expérience avec d'autres personnes peut être très enrichissant.

**Intégration dans la vie quotidienne**

La clé pour intégrer la bénédiction dans la vie quotidienne est de la rendre une pratique régulière. Plus vous la pratiquerez, plus elle deviendra naturelle et plus vous en ressentirez les bienfaits.

**La conscience**

La conscience est ce qui nous permet d'être conscients de nous-mêmes et du monde qui nous entoure. Elle est à la fois subjective (notre expérience intérieure) et objective (notre perception du monde extérieur). Dans le contexte de la bénédiction, la conscience est le terrain fertile où les intentions prennent forme et se manifestent. En prenant conscience de nos pensées et de nos émotions, nous pouvons les orienter vers la création d'une réalité plus positive.

**Le temps**

Le temps est souvent perçu comme linéaire, s'écoulant du passé vers le futur. Cependant, de nombreuses traditions spirituelles et philosophies ont souligné la nature illusoire du temps linéaire. Dans le contexte de la bénédiction, le temps est plutôt vu comme un continuum où le passé, le présent et le futur coexistent. La bénédiction permet de se connecter à cette dimension temporelle élargie, favorisant ainsi la manifestation de nos désirs.

**L'énergie**

L'énergie est la force vitale qui anime tout ce qui existe. Elle se manifeste sous différentes formes (physique, émotionnelle, mentale, spirituelle) et circule en permanence dans l'univers. La bénédiction est un acte énergétique qui permet de réorienter le flux d'énergie vers une intention positive.

**La spiritualité**

La spiritualité est une quête de sens qui dépasse le cadre matériel. Elle englobe les croyances, les valeurs et les pratiques liées à l'expérience de l'existence. La bénédiction est un acte profondément spirituel qui nous relie à quelque chose de plus grand que nous-mêmes.

**La physique quantique**

La physique quantique étudie le monde à l'échelle atomique et subatomique. Elle a révélé que la réalité est bien plus complexe et mystérieuse que ce que nous percevons à l'échelle macroscopique. Les concepts de superposition et d'intrication quantique suggèrent que la réalité est cocréée par l'observateur. Cette perspective rejoint les enseignements de nombreuses traditions spirituelles qui affirment que nos pensées et nos croyances façonnent notre réalité.

**Les connexions interculturelles**

La bénédiction est une pratique universelle qui se retrouve dans toutes les cultures et les religions. Les Amérindiens, les religions abrahamiques, les philosophies orientales et bien d'autres encore ont développé leurs propres rites et rituels de bénédiction. Ces pratiques partagent toutes un même objectif : invoquer une force supérieure pour apporter la paix, la guérison et la prospérité.

- **Amérindiens :** Les cultures amérindiennes accordent une grande importance à la nature et aux esprits. Les cérémonies de bénédiction sont souvent liées à des éléments naturels (terre, air, feu, eau) et à des esprits ancestraux.

- **Religions abrahamiques :** Le judaïsme, le christianisme et l'islam ont tous des rites de bénédiction, souvent associés à des moments clés de la vie (naissance, mariage, décès) ou à des objets (nourriture, maison).

- **Philosophies orientales :** Le bouddhisme et l'hindouisme proposent de nombreuses pratiques de méditation et de visualisation qui permettent de cultiver une énergie positive et de bénir soi-même et les autres.

### La création d'un espace sacré

Un espace sacré est un lieu ou un moment dédié à la connexion avec le divin. Il peut être créé n'importe où et à n'importe quel moment, à condition de poser une intention claire. La création d'un espace sacré permet de se centrer, de se recentrer et de se préparer à la pratique de la bénédiction.

### La transformation des émotions

La bénédiction est un outil puissant pour transformer les émotions négatives en positives. En dirigeant notre attention vers des pensées et des sentiments positifs, nous pouvons modifier notre vibration énergétique et attirer des expériences plus harmonieuses.

### La manifestation de ses désirs

La loi d'attraction enseigne que nous attirons à nous ce à quoi nous pensons. En formulant des intentions positives et en les renforçant par la bénédiction, nous augmentons nos chances de manifester nos désirs.

### Le concept d'espace-temps

Comme expliqué précédemment, l'espace-temps est un concept de la physique quantique qui désigne l'union de l'espace et du temps en une seule entité. Dans le contexte de la bénédiction, il représente l'intervalle entre deux événements, un moment de pure potentialité où tout est possible.

## La neuroscience de la gratitude

La neuroscience a mis en évidence les effets bénéfiques de la gratitude sur notre cerveau. Lorsque nous ressentons de la gratitude, notre cerveau libère des neurotransmetteurs comme la dopamine, la sérotonine et la norépinéphrine. Ces substances chimiques sont associées au plaisir, au bien-être et à la motivation. En d'autres termes, la gratitude active les circuits de récompense de notre cerveau, renforçant ainsi les émotions positives.

## La gratitude et la résilience

La gratitude nous aide à développer une résilience accrue face aux difficultés de la vie. En nous concentrant sur les aspects positifs de notre existence, nous cultivons une attitude plus optimiste. Cela nous permet de faire face aux défis avec plus de sérénité et de persévérance. La gratitude nous rappelle également que nous avons déjà surmonté des épreuves par le passé, renforçant ainsi notre confiance en nous.

## La gratitude et les relations interpersonnelles

La gratitude joue un rôle essentiel dans nos relations avec les autres. En exprimant notre reconnaissance envers les personnes qui nous entourent, nous renforçons les liens sociaux et créons un climat de confiance et de bienveillance. La gratitude favorise également l'empathie et la compassion, nous permettant de mieux comprendre les besoins et les émotions des autres.

## Le journal de gratitude

Un journal de gratitude est un outil simple et efficace pour cultiver la gratitude au quotidien. Il consiste à noter chaque jour les choses pour lesquelles on est reconnaissant. Cela peut être aussi bien de grandes choses que de petites choses du quotidien. En prenant le temps de réfléchir à ce qui nous apporte de la joie, nous renforçons notre focus sur le positif.

**La méditation de gratitude**

La méditation de gratitude est une pratique qui consiste à porter son attention sur les aspects positifs de sa vie. Elle peut se faire en toute simplicité, en s'asseyant dans un endroit calme et en se concentrant sur les sensations corporelles, les pensées positives et les émotions de gratitude. La méditation régulière peut aider à ancrer la gratitude dans notre vie quotidienne.

**La gratitude envers soi-même**

Il est tout aussi important d'être reconnaissant envers soi-même. Cela implique de reconnaître ses qualités, ses réussites et les progrès accomplis. La gratitude envers soi-même favorise l'estime de soi et la confiance en ses capacités.

**La gratitude et la nature**

La nature nous offre une multitude de raisons d'être reconnaissant. En prenant le temps d'apprécier la beauté du monde naturel, nous pouvons ressentir un sentiment de paix et de bien-être. La gratitude envers la nature nous incite également à prendre soin de notre environnement.

**La gratitude et l'altruisme**

La gratitude peut nous inciter à être plus altruistes. En ressentant de la reconnaissance pour ce que nous avons, nous sommes plus enclins à vouloir rendre à la société. L'altruisme et la gratitude sont étroitement liés, car en aidant les autres, nous ressentons un sentiment de satisfaction et de plénitude.

**La gratitude et la spiritualité**

La gratitude est un concept central dans de nombreuses traditions spirituelles. Elle est souvent associée à la notion de gratitude envers une force supérieure ou envers l'univers. La gratitude spirituelle nous invite à reconnaître notre place dans le monde et à nous connecter à quelque chose de plus grand que nous-mêmes.

**L'Ego, la Conscience et l'Inconscient : Des Clés pour Comprendre la Nuit Noire**

- **L'ego :** Souvent perçu comme le "moi", l'ego est cette partie de notre personnalité qui cherche à se protéger, à maintenir une image de soi positive et à se valoriser. C'est lui qui nous pousse à nous comparer aux autres, à rechercher la validation extérieure et à nous accrocher à nos croyances. Lors de la nuit noire, l'ego peut se sentir menacé par le changement et résister à la transformation.

- **La conscience :** C'est notre capacité à être conscient de nous-mêmes, de nos pensées, de nos émotions et de notre environnement. La conscience nous permet de prendre des décisions et d'agir de manière intentionnelle.

- **L'inconscient :** C'est une partie de notre esprit qui est inaccessible à la conscience directe. Il contient nos souvenirs refoulés, nos instincts, nos émotions profondes et nos schémas de pensée automatiques. L'inconscient influence grandement notre comportement et nos réactions, même si nous n'en avons pas conscience.

**Les Causes de la Nuit Noire de l'Âme**

La nuit noire de l'âme peut être déclenchée par divers facteurs, souvent en combinaison :

- **Crises existentielles :** Des questions fondamentales sur le sens de la vie, la mort, l'identité peuvent plonger une personne dans une profonde remise en question.

- **Perte ou changement significatif :** Un deuil, un divorce, un déménagement, une perte d'emploi peuvent provoquer un bouleversement profond et une sensation de vide.

- **Éveil spirituel :** Paradoxe apparent, un éveil spirituel peut conduire à une nuit noire. En effet, la prise de conscience de sa véritable nature peut être déstabilisante et conduire à une remise en question de ses croyances et de son identité.

- **Blocages émotionnels non résolus :** Des émotions refoulées ou des traumatismes non guéris peuvent resurgir lors d'une nuit noire, intensifiant la souffrance.

- **Cycles naturels de la vie :** La nuit noire peut être vue comme une phase naturelle de croissance spirituelle, un peu comme un hiver nécessaire avant un nouveau printemps.

**Manifestations Physiques et Émotionnelles de la Nuit Noire**

Les manifestations de la nuit noire peuvent varier d'une personne à l'autre, mais certaines sont très fréquentes :

- **Émotions intenses :** Tristesse profonde, colère, angoisse, désespoir, sentiment de vide, apathie.

- **Pensées négatives récurrentes :** Doutes, culpabilité, sentiment d'inutilité, ruminations sur le passé.

- **Troubles du sommeil :** Insomnie, cauchemars, hypersomnie.

- **Problèmes de santé :** Fatigue chronique, douleurs physiques inexpliquées, troubles digestifs.

- **Isolement social :** Tendance à se retirer des relations sociales, difficulté à se connecter aux autres.

- **Perte de sens :** Questionnement sur le sens de la vie, perte de repères et de valeurs.

- **Expériences mystiques :** Certaines personnes peuvent vivre des expériences mystiques intenses pendant la nuit noire, comme des visions, des sensations d'unité avec l'univers ou des synchronicités.

**Le Rôle de l'Ego dans la Nuit Noire**

L'ego, attaché à son identité et à ses croyances, peut résister farouchement à la transformation que la nuit noire implique. Il peut générer des peurs, des doutes et des résistances pour maintenir le statu quo. Les manifestations de l'ego pendant la nuit noire peuvent inclure :

- **La peur de l'inconnu :** L'ego craint l'incertitude et le changement.

- **La résistance au lâcher-prise** : L'ego s'accroche à ses croyances et à ses attachements.

- **Le besoin de contrôle** : L'ego cherche à tout contrôler pour se sentir en sécurité.

- **La comparaison** : L'ego nous pousse à nous comparer aux autres et à rechercher la validation extérieure.

### Accompagner Quelqu'un Pendant la Nuit Noire

En tant que coach, vous pouvez aider vos clients à traverser cette épreuve en :

- **Créant un espace sûr** : Offrez un environnement où votre client se sent entendu et soutenu.

- **Validant ses émotions** : Reconnaissez et acceptez les émotions de votre client sans jugement.

- **Encourageant l'introspection** : Aidez votre client à explorer ses pensées et ses sentiments les plus profonds.

- **Proposant des outils pratiques** : Apprenez à votre client des techniques de relaxation, de méditation ou de respiration pour gérer le stress et l'anxiété.

- **Favorisant la connexion avec soi-même :** Encouragez votre client à se reconnecter à sa nature profonde et à ses valeurs.

## L'Ego, la Conscience et l'Inconscient : Des Clés pour Comprendre la Nuit Noire

- **L'Ego :** C'est notre "moi" perçu, notre identité construite à partir de nos expériences, de nos croyances et de nos relations avec les autres. L'ego cherche à se protéger, à maintenir une image positive de soi et à se valoriser. C'est lui qui nous pousse à nous comparer aux autres, à rechercher la validation extérieure et à nous accrocher à nos croyances. Lors de la nuit noire, l'ego peut se sentir menacé par le changement et résister à la transformation. **Exemple :** Lorsque vous vous comparez à un collègue qui a obtenu une promotion, c'est votre ego qui cherche à se rassurer en minimisant vos propres qualités.

- **La Conscience :** C'est notre capacité à être conscient de nous-mêmes, de nos pensées, de nos émotions et de notre environnement. La conscience nous permet de prendre des décisions et d'agir de manière intentionnelle.

  **Exemple :** Lorsque vous décidez de faire du sport, c'est votre conscience qui guide votre choix.

- **L'Inconscient :** C'est une partie de notre esprit qui est inaccessible à la conscience directe. Il contient nos souvenirs refoulés, nos instincts, nos émotions profondes et nos schémas de pensée automatiques. L'inconscient influence grandement notre comportement et nos réactions, même si nous n'en avons pas conscience.

  **Exemple :** Vous avez peur des araignées sans pouvoir expliquer pourquoi. C'est peut-être lié à une expérience passée enfouie dans votre inconscient.

**Les Causes de la Nuit Noire de l'Âme**

La nuit noire de l'âme peut être déclenchée par divers facteurs, souvent en combinaison :

- **Crises existentielles :** Des questions fondamentales sur le sens de la vie, la mort, l'identité peuvent plonger une personne dans une profonde remise en question.

- **Perte ou changement significatif :** Un deuil, un divorce, un déménagement, une perte d'emploi peuvent provoquer un bouleversement profond et une sensation de vide.

- **Éveil spirituel :** Paradoxe apparent, un éveil spirituel peut conduire à une nuit noire. En effet, la prise de conscience de sa véritable nature peut être déstabilisante et conduire à une remise en question de ses croyances et de son identité.

- **Blocages émotionnels non résolus :** Des émotions refoulées ou des traumatismes non guéris peuvent resurgir lors d'une nuit noire, intensifiant la souffrance.

- **Cycles naturels de la vie :** La nuit noire peut être vue comme une phase naturelle de croissance spirituelle, un peu comme un hiver nécessaire avant un nouveau printemps.

**Manifestations Physiques et Émotionnelles de la Nuit Noire**

- **Émotions intenses :** Tristesse profonde, colère, angoisse, désespoir, sentiment de vide, apathie.

- **Pensées négatives récurrentes :** Doutes, culpabilité, sentiment d'inutilité, ruminations sur le passé.

- **Troubles du sommeil :** Insomnie, cauchemars, hypersomnie.

- **Problèmes de santé :** Fatigue chronique, douleurs physiques inexpliquées, troubles digestifs.

- **Isolement social :** Tendance à se retirer des relations sociales, difficulté à se connecter aux autres.

- **Perte de sens :** Questionnement sur le sens de la vie, perte de repères et de valeurs.

- **Expériences mystiques :** Certaines personnes peuvent vivre des expériences mystiques intenses pendant la nuit noire, comme des visions, des sensations d'unité avec l'univers ou des synchronicités.

**La Nuit Noire et d'Autres Concepts**

- **Dépression :** Bien que la nuit noire puisse partager certains symptômes avec la dépression, il s'agit de deux expériences distinctes. La nuit noire est souvent associée à une quête spirituelle et à un désir de transformation, tandis que la dépression est un trouble de l'humeur caractérisé par une perte d'intérêt pour les activités, une tristesse persistante et des difficultés à fonctionner au quotidien.

- **Anxiété :** L'anxiété peut accompagner la nuit noire, en particulier lors des périodes de grande incertitude. Cependant, l'anxiété liée à la nuit noire est souvent associée à un désir de croissance spirituelle, tandis que l'anxiété généralisée est plus liée à des préoccupations quotidiennes.

- **Transformation personnelle :** La nuit noire est un puissant catalyseur de transformation personnelle. Elle permet de lâcher prise sur les anciennes croyances et d'émerger avec une nouvelle vision de soi et du monde.

## Le Pardon : Une Libération Intérieure

### Qu'est-ce que le pardon ?

Le pardon est un processus intérieur qui consiste à lâcher prise sur la colère, la rancœur et le ressentiment liés à une offense perçue. Ce n'est pas une excuse pour les mauvaises actions, ni une minimisation de la douleur causée. C'est plutôt un choix conscient de se libérer de l'emprise émotionnelle du passé.

### Le Ressentiment et la Culpabilité : Les Chaînes du Passé

- **Le ressentiment :** C'est une émotion négative qui naît lorsqu'on se sent blessé ou injustifié. Le ressentiment nous lie à la personne ou à la situation qui nous a fait du mal, nous empêchant d'avancer.

- **La culpabilité :** C'est le sentiment d'avoir fait quelque chose de mal. La culpabilité peut nous paralyser et nous empêcher de nous pardonner à nous-mêmes.

**Exemple concret :** Imaginez que votre meilleur ami vous a trahi. Vous ressentez de la colère et de la tristesse, et vous avez du mal à lui faire confiance. Le ressentiment vous empêche de profiter pleinement de vos relations avec les autres.

**Les Différents Types de Pardon**

- **Pardon envers soi-même :** Il s'agit de se pardonner pour ses propres erreurs et imperfections.

- **Pardon envers les autres :** C'est le pardon que l'on accorde à quelqu'un qui nous a fait du mal.

- **Pardon envers des événements passés :** C'est le pardon que l'on accorde à des situations sur lesquelles on n'a pas de contrôle.

## Les Obstacles au Pardon

- **La peur :** Peur de paraître faible, peur de se faire à nouveau blesser, peur de perdre son identité.

- **La colère :** La colère peut être si intense qu'elle empêche de considérer le pardon comme une option.

- **Le besoin de justice :** Certains ont du mal à pardonner tant que la personne qui leur a fait du mal n'a pas reconnu ses torts et demandé pardon.

- **Les croyances limitantes :** Des croyances telles que "Je ne dois jamais oublier" ou "Il ne mérite pas mon pardon" peuvent être des obstacles.

## Le Pardon et d'Autres Concepts

- **Compassion :** Le pardon est lié à la compassion, car il implique de comprendre la souffrance de l'autre et de chercher à soulager sa propre souffrance.

- **Empathie** : L'empathie nous permet de nous mettre à la place de l'autre et de mieux comprendre ses motivations.

- **Résilience** : Le pardon est un élément clé de la résilience, car il nous permet de surmonter les difficultés et de rebondir.

**Exercices Pratiques pour Cultiver le Pardon**

- **Journalisation** : Écrivez sur vos sentiments, vos pensées et vos expériences liées à la situation.

- **Visualisation** : Imaginez-vous en train de lâcher prise sur la colère et le ressentiment.

- **Méditation** : Pratiquez la méditation pour calmer votre esprit et cultiver la compassion.

- **Lettre de pardon** : Écrivez une lettre à la personne que vous devez pardonner (même si vous ne l'envoyez pas).

- **Affirmations positives :** Répétez des affirmations positives telles que "Je choisis de me libérer du passé" ou "Je mérite d'être heureux".

**Plan d'Action pour Intégrer le Pardon dans Votre Vie**

1. **Reconnaître la douleur :** Acceptez vos émotions et ne les refoulez pas.
2. **Comprendre les raisons :** Cherchez à comprendre les raisons qui ont conduit à la situation.
3. **Pratiquer la compassion :** Mettez-vous à la place de l'autre personne.
4. **Lâcher prise :** Décidez de lâcher prise sur la colère et le ressentiment.
5. **Célébrer les progrès :** Récompensez-vous pour chaque petit pas en avant.

**Le pardon est un processus personnel et unique pour chacun.** Il n'y a pas de formule magique, mais ces outils et techniques peuvent vous aider à avancer sur le chemin de la guérison.

Ce guide vous a équipé des outils nécessaires pour construire une vie plus épanouissante. En cultivant votre corps, votre esprit et votre âme, vous avez ouvert la porte à un potentiel infini. N'oubliez pas que le bien-être est un voyage continu, marqué par des hauts et des bas. Célébrez chaque pas en avant et n'hésitez pas à approfondir votre exploration en lisant ma nouvelle sur le silence, la solitude et le temps. Vous y découvrirez comment ces éléments fondamentaux peuvent contribuer à votre bien-être global.

**Le Silence**

Nouvelle

Le silence. Tout est silence. Le silence partout. Tout le temps, toujours. Ce silence je l'ai accepté, je l'ai mangé, digéré. Je vis avec, je suis le silence. Trop longtemps tut. Je vis le silence, je suis silence. Je me rends compte en écrivant ces mots que je me répète, mais ce n'est pas grave.

Je me dis sans doute que si je le répète, c'est que cela doit être ainsi. Le silence apporte du répit, de la douceur. Du recentrement. Du bien-être. Le silence m'apporte un état méditatif, une contemplation nécessaire pour dépasser les traumatismes que ce monde procure au quotidien.

Le silence me permet d'écouter, d'observer, de méditer, de m'introspecter, de réfléchir, de me poser, de voir. Oui de voir, pas de survoler comme on le fait habituellement. Machinalement. Rapidement. Sans conscience. Le silence me permet de demeurer moi-même, d'être celle que je n'étais plus, celle que j'aurais pu être. Celle que j'aurais dû être, dans un autre moment.

Le silence me permet d'être plus proche de la nature, des oiseaux, des petites choses que l'on ne remarque pas la plupart du temps. Par manque de temps, par désintérêt. Ce silence, il me le fallait pour réaliser ma vie, mon quotidien, me désintoxiquer de ce tourbillon infernal dans lequel j'évolue depuis toujours. Alors qui suis-je ? Comment en suis-je arrivée à embrasser le silence dans mon quotidien. Avec mes proches. Avec des inconnus. Me reconnectant à toutes les parts de moi-même et réalisant sans doute que je ne peux réellement compter que sur moi dans un monde où tout va vite, où tout tourne autour de superficialité, où l'empathie n'existe plus.

Mon Silence est nécessaire pour grandir, pour vivre, pour apprécier les choses de la vie. Le silence me permet de faire le point sur la situation, de me recentrer et me découvrir. En même temps, ce silence qui peut être assourdissant est indispensable et salvateur dans des cas bien précis. Le silence du deuil. De soi. De l'autre. D'un être aimé. D'un inconnu. D'une part de soi. D'un animal perdu. D'un monstre.

Le silence lié à l'épreuve. De soi. De l'autre. Le silence de la réflexion. De soi. De l'autre. D'inconnus. Du travail. Du plaisir.

Il y a autant de silence qu'il y a de personne dans ce monde. Il y a donc autant de raison de se taire, de s'introspecter, de se respecter que d'aimer. D'ailleurs, je pense que demeurer silencieux est une preuve d'amour inconditionnel. On dit bien « La parole est d'argent mais le silence est d'or. »

Ce n'est pas pour rien. On peut éviter bien des problèmes, bien des soucis en pratiquant le silence et évacuer la colère et les émotions négatives autrement. Par l'écriture, l'art, la relativité, par exemple. Il y a autant de façons de se défaire du mal qu'on a subi et que l'on subit encore que de personne dans ce monde. À chacun de trouver sa technique de prédilection. À chacun de s'ouvrir à l'autre, à soi pour évoluer. Est-ce là le but de la vie ?

Evoluer pour le meilleur ? Evoluer pour le bien ? Evoluer pour soi et son propre respect et le respect de l'autre ? Mais comment respecter des personnes qui n'ont aucun respect pour qui que ce soit ? Des personnes qui n'ont qu'une seule chose en tête, tuer, faire du mal, mentir, affaiblir, démolir, malmener, torturer ? Des personnes qui n'ont ni foi, ni loi et qui n'obéissent à aucune règle. Qui ne connaissent pas le savoir-vivre, le savoir-faire, le savoir-être. Qui n'ont aucun respect pour la vie, pour le monde qui les entoure, qui n'ont aucune empathie, qui ne connaisse pas l'amour, divin, de son prochain. Bref des personnes qui ne vivent que pour semer le chaos, le désespoir, la destruction.

Un immense silence m'entoure. Un silence pesant. Un silence de mort. Un silence de vie. Une vie de silence pour retrouver un semblant d'équilibre. Mais sur quoi se base l'équilibre ? Qu'est-ce que l'équilibre ? Qu'est-ce qui définit quelqu'un d'équilibré ?

Je ne suis pas sûre d'avoir la réponse exacte mais je tenterais d'en donner une définition partielle. C'est peut-être un enfant qui reçoit de l'amour, du respect, de la confiance et de la tolérance dans ses choix mais aussi dans ses actes et qui grandit dans un environnement sain où le respect et les valeurs sont respectées. Où les parents, s'ils ont des désaccords ne les partage pas à leurs progénitures et où tout s'améliore rapidement pour le bien commun.

J'espère vraiment qu'il existe des familles identiques à ma description précédente et si ce n'est pas le cas, j'en aurai vraiment le cœur lourd. Cela voudrait dire que le monde va vraiment plus mal que ce que l'on voit et entend partout. Cela voudrait dire qu'il y a de plus en plus de vies brisées et malmenées. Quelle catastrophe !

Et là, le silence réapparaît en force. Ce silence qui peut paraître assourdissant. Qui est parfois pesant. Mais tellement nécessaire. Je dirais même vital. Silence. Ce mot que l'on peut répéter pour l'obtenir dans des circonstances particulières. Ce mot que trop peu, actuellement, utilisent et pratiquent. Ce mot qui prends tout son sens lorsque l'on n'en voit plus le bout. Ce mot qui est évocateur de réflexion, de refuge, de pensées, de soins. Comment vivez-vous le silence dans une pièce ? Avec un proche ? Avec vos parents ? Vos amis ? Vos collègues ? Des inconnus ?

Personnellement, je le vis bien. Il me réconforte, il me permet de ressentir différemment les évènements qui, telles des vagues de tempête, se bousculent et me frappent de plein fouet. Ce silence me permet de tenter de surfer dessus sans me noyer. Sans me laisser couler totalement.

Ce silence est merveilleux, il me permet de me concentrer sur l'essentiel, sur un état auquel je n'avais jamais prêté vraiment attention. Mon moi profond. Même si je ne le connais pas encore, même si je me cherche encore, même si j'ai peur de ce que je suis réellement.

Je me lève ce matin, je prends mon petit-déjeuner, je reste silencieuse. Mes proches tentent de me faire parler, me posent des questions auxquelles je ne réponds pas. Je n'en ressens aucune envie, aucun besoin. J'ai envie qu'on me laisse tranquille. Et les rares fois où je parle à mon bébé, je me surprends à redécouvrir ma voix. Oui, c'en est à ce point. J'apprends à apprécier ma voix, je cherche d'ailleurs des adjectifs pour la définir. Et il m'en vient plusieurs qui me semble correct. Est-ce si important la voix ? Qu'est-ce qui importe ? La voix ? Ou ce que l'on dit ?

Je pense que parler pour ne rien dire est insuffisant. Parallèlement, utiliser sa voix pour le plaisir est un moment de simplicité nécessaire à toutes vies humaines. Alors que faire ? Je pense que lorsqu'on a pas l'envie de parler, il ne faut pas se forcer. Le moment réapparaitra quand ce temps se sera écoulé. Qu'est-ce que le temps ? Le temps se calcule-t-il seulement en heures ? Minutes ? Secondes ?

Le temps se mesure ainsi mais aussi en sentiments, ressentis. Il pourrait passer toute une année sans parler et cela ne poserait aucun problème. Je pense qu'aujourd'hui, le plus gros problème qui se pose, c'est que plus personne n'a le temps de rien. On aimerait avoir des journées à rallonge, pour pouvoir terminer les tâches que l'on se fixe, pour passer plus de moment en famille et tant d'autres choses. Le temps ? Est-il palpable ? Peut-il s'allonger ? Peut-il se réduire ? Est-il important ? Qu'apporte-t-il ?

Le temps. Le silence. Le soi. Trois mots indissociables. Trois mots qui ne forment qu'un tout. Prendre le temps, prendre du bon temps, prendre le temps d'écouter. Appuyer sur le bouton Pause. Ou Arrêt. Cesser toutes activités pour se recentrer. Dans un monde où tout tourne à cent à l'heure. Où l'on s'oublie. Où l'on oublie l'important. Où l'essentiel disparaît au profit du superflue. Le temps, comment peut-il se définir ? Se ressentir ? Se vivre ? Doit-on se laisser porter par la vie ? Ou au contraire, résister ?

Dans sa définition, le temps représente la durée des choses marquée par certaines périodes. Son contraire étant l'éternité. Alors qu'est-ce que l'éternité ? Une durée qui n'a ni commencement ni fin. Comme par exemple, dans les religions, la vie éternelle après la mort. Que l'on y croit ou pas, c'est ainsi que l'on parle et c'était uniquement pour donner un exemple à cette notion de temps et d'éternité qui finalement se rejoignent totalement. Avoir et prendre son temps. Dans quelles circonstances ?

Je dirais, prendre le temps de manger sans se presser, prendre le temps de bien respirer, prendre le temps de bien dormir, prendre le temps de profiter des belles choses de la vie que l'on ne voit plus. Le temps. Cet élément essentiel dans nos vies bien remplies. Le temps. Le silence. Ces deux états indissociables et pourtant si différents. Complémentaires. L'un ne va pas sans l'autre et pourtant ils se séparent naturellement. Alors comment concilier les deux ?

Demeurer silencieux permet de naturellement retrouver du temps. Ce temps que l'on avait perdu, parce que l'on se recentre sur l'essentiel. On se concentre sur la vie, les éléments qui la composent et qui la rendent si unique. Et lorsqu'il y a des difficultés sur le chemin du silence, on parvient à l'aborder différemment parce que le temps et le silence ont collaboré pour nous faire revenir à nos origines.

Je prendrais un nouvel exemple, les bébés prennent le temps d'observer les jeux qu'on leur donne, ils les manipulent dans un sens puis dans un autre, ils commentent parfois, ils mettent à la bouche, ils découvrent et apprennent de multiples manières, ils gardent souvent le silence et cela leur est nécessaire pour appréhender les évènements de leur vie. Ils découvrent le monde qui les entoure, ils se font, bien entendu, entendre en pleurant, gazouillant, chantonnant mais ce n'est jamais superflu. Ils réagissent à quelque chose qui les dérange, dont ils ont peur ou bien qui leur fait plaisir. Prenons exemple sur eux, retrouvons ces moments de solitude et d'observation, de silence et donc du temps. Le temps de grandir, d'évoluer, d'apprendre, d'aimer, d'apprécier, d'apprivoiser, de s'accepter, d'accepter la différence, de vivre autrement. Le silence permet d'accepter et de faire revenir du temps pour soi, car l'on est beaucoup plus centré sur soi.

Et pour tous ceux qui pensent que c'est un manquement à l'autre, que c'est égoïste, que l'on ne peut pas tout délaisser pour se faire passer en priorité. Je n'aurais qu'une seule chose à vous dire, je m'occupe toujours de mes filles, je leur adresse la parole autant que cela est nécessaire, je cuisine toujours autant, je prends d'ailleurs beaucoup de plaisir, cela me détend et je parviens à ne plus réfléchir autant. Je réponds par signe de tête si vraiment une réponse est nécessaire. Et cela me suffit amplement et cela leur suffit également. Dans l'immédiat en tout cas.

Lorsque je sentirais l'envie de reparler et de sortir du silence, je le ferais naturellement. Je pense qu'il vaut mieux demeurer muet et silencieux plutôt que de s'emporter et regretter ensuite ses paroles qui souvent sont destructrices. L'un des plus grand mal de ce monde, c'est l'oubli. Nous oublions les bienfaits que nous avons, les choses les plus simples qui nous touchent, les petits plaisirs de la vie que l'on ne remarque plus, la santé que nous avons et qui est si fragile et qui peut nous quitter si facilement. L'oubli des erreurs du passé. L'oubli. Il y a tellement de choses qui vont mal aujourd'hui, qu'il m'est difficile de tout mentionné et je ne suis pas là pour cela. Je rappelle simplement l'importance du silence. De la solitude. Du temps.

Les trois ne peuvent être séparés. Et si on les dissocie quand même, un dysfonctionnement apparaît dans chacun de nous. À un moment donné ou à un autre. Quel que soit notre état d'être, notre caractère, nos forces et faiblesses. À un moment donné, une fissure petite puis de plus en plus grande apparaîtra et l'on se sentira irrésistiblement attiré par cet état d'être, se retour aux sources.

Le silence. Le temps. La solitude. Trois mots qui me font penser aux sens. Oui, les autres sens sont décuplés afin de pallier l'absence de l'un d'eux. Même s'ils ne sont pas considérés à proprement parler comme tel. Hier, dans l'après-midi, je me trouvais dehors et toujours aussi silencieuse. Je sentais les parfums s'échappaient de la boulangerie d'à côté, j'écoutais le vent soufflait, le bruissement des feuilles des arbres entre deux circulations de voiture, j'observais des abeilles butinaient des fleurs, des bourdons, des oiseaux chantaient. Bref, la vie. Je profitais de la vie dans sa plus simple expression. Et pouvez-vous en dire autant ?

Je ne prétends pas connaître la bonne manière de vivre, bien au contraire mais je pense que ce passage de vie est un des moyens de parvenir à se reconnecter à l'essentiel. Développer les autres sens et profiter de tout ce qu'il y a d'autres.

Avec toutes les informations que nous recevons chaque jour et qui sont catastrophiques, je pense qu'un peu de douceur, de sincérité ne peuvent faire de mal. Depuis quand n'avez-vous pas soit fermé les yeux et ouvert tous vos autres sens pour profiter de la situation dans laquelle vous vous trouviez. Cela me fait penser d'ailleurs aux personnes porteuses de handicap. Quel que soit leurs situations, soit ils se laissent couler, soit ils reprennent leur vie en main. Beaucoup, apprennent à vivre autrement. Beaucoup développent d'autres capacités, qui souvent, nous paraissent incroyables. Pourtant, il ne s'agit, ni plus ni moins que des sens. Lorsque l'on est privé de l'un d'eux, alors les autres sont en alertes. Je le répète, la voix et la parole n'en sont pas vraiment pourtant grâce au silence que je pratique, parce que j'en ai véritablement besoin, mes autres sens s'ouvrent beaucoup plus. Et quel don merveilleux avons-nous là ?

L'espèce humaine est fascinante, nous sommes dotés de compréhension, d'une capacité de jugement, qui malheureusement est souvent biaisé par de fausses informations, d'une ouverture d'esprit innée nous permettant d'accepter normalement et naturellement la différence. Si je remonte dans le temps, l'homme était bien souvent seul et silencieux. Puis, il a apprécié la compagnie et la parole. Mais son état de base était bien la solitude, le silence et le temps. Alors pourquoi ne pas revenir de temps à autre à ces états d'introspection profonde et de reconnexion à soi ?

Si le monde y revenait plus souvent, peut-être que lors de tempêtes émotionnelles, physiques, psychiques, nous parviendrions à nous relever plus facilement et fortement ? Peut-être que l'on aurait une vision plus claire du pourquoi et du comment. Peut-être aurions-nous plus de solutions et d'idées salvatrices et novatrices pour en sortir ?

Je veux le croire en tout cas. La solitude. Le silence. Le temps. Ne permettent pas qu'à celui qui les pratiquent d'y voir plus clair pour lui-même. Cela agit également sur la communauté à laquelle on appartient, le groupe, les autres, le monde. Cela permet de faire un point sur soi et sur le reste du monde, que cela nous touche de près et/ou en apparence de loin. Car, tout ce qui touche aux êtres humains nous touchent forcément. En tout cas, cette dernière phrase me correspond tout à fait. Nous sommes des êtres humains dotés de capacités de réflexion, de logique, qui d'ailleurs peut se traduire de multiples façons. Qu'importe, nous devons revenir à l'essentiel pour nous reconnecter à notre être profond et au monde qui nous entoure. Revenir à l'essentiel implique de cesser de ne penser qu'à soi, pour se rappeler les bienfaits dans nos quotidiens mais aussi qu'il y a pire que nous ailleurs et parfois très près de nous. Et nous n'en avons juste pas conscience parce que nous sommes trop concentrés sur notre égo.

Le silence. La solitude. Le temps.

Ces trois mots me refont penser à un film que j'avais regardé avec mon conjoint, il y a un an ou deux. Un film avec l'actrice Reese Witherspoon où elle incarne une femme partant en randonnée pendant plusieurs semaines, seule avec comme uniques affaires, un gros sac à dos. Elle se retrouve en face à face avec elle-même et au bout du compte, elle retrouve la joie de retrouver la vie comme on la connaît. Elle a eu le temps de réfléchir à tête reposée, dans le calme de la nature, à se dépasser, à cultiver la paix et la solitude, l'introspection ne peut-être qu'idéale dans ces conditions.

Bref, mon état actuel est loin d'être identique à ce que ce film m'a inspiré mais je tente de m'en rapprocher autant que possible. Et je pense que l'essentiel est de faire de notre mieux, en tout temps et en toute heure. Je pense que l'essentiel est d'être le plus honnête et le plus sincère possible envers soi mais aussi envers les autres.

Chacun de nous a des problèmes à régler et quel meilleur moyen d'y parvenir qu'en retrouvant ces trois mots qui prennent tout leur sens lorsqu'on les vit.

Le silence. La solitude. Le temps. La foi. Alors pourquoi je rajoute à présent le mot Foi ?

Tout simplement parce que, selon moi, la foi vient s'imbriquer naturellement avec les trois autres. En effet, que l'on croit en une force supérieure, en la nature, aux animaux ou que sais-je encore, la foi permet de soulever des montagnes et est très régulièrement représentée dans la solitude, le silence et le temps. Prendre le temps de prier, quel que soit notre croyance, comme dit plus haut, permet de se reconnecter à son Soi profond, à son Être véritable, à son Divin, à son âme. La foi permet l'introspection quotidienne, elle permet de se poser les bonnes questions, sans crainte de jugement d'autrui, pour soi-même et son évolution au sein de ce monde.

La foi permet de se rapprocher de ce pour quoi on est venu s'incarner sur Terre, elle nous permet de prendre du temps pour nous. Je le répète, qu'importe ce en quoi vous croyez, l'essentiel est d'appliquer régulièrement le silence. La solitude. Le temps. Il y a une notion essentielle au mot Solitude. Elle n'est pas la même lorsqu'elle est désirée, volontaire et recherchée. De celle qui est vécue par force parce que l'on est rejeté, repoussé ou que sais-je encore.

La solitude est bénéfique pour mettre son cerveau au repos, pour se plonger dans nos pensées et souffler.

Les bienfaits de la solitude se matérialisent par de longues sessions de « dialogue » avec soi-même. L'occasion parfaite de :

- décompresser et relâcher la pression ;
- faire le point sur ses émotions : désirs, envies, craintes, peurs… ;
- se remettre en question.

Parce que dans un monde ultra connecté qui nous inonde minute par minute d'informations parfois contradictoires, le temps pour penser par nous-mêmes, analyser et avoir un regard critique sur ce qui nous entoure, finit par nous manquer. Nous avons besoin de temps et de silence pour faire émerger une pensée raisonnée et argumentée. C'est à ce moment, que les bienfaits de la solitude se font ressentir. La solitude est l'occasion idéale pour s'accorder un moment privilégié afin d'aller au bout d'un raisonnement ou d'une idée. Avec les millions de données et courriels envoyés chaque seconde dans le monde, et ce nouveau besoin d'instantanéité, notre capacité d'attention est de plus en plus limitée. Plus nous sommes connectés sur les autres, plus nous perdons cette connexion avec nous-mêmes.

S'accorder des moments rien que pour soi, c'est expérimenter la séparation en restant serein, puisqu'on la sait temporaire. Parmi les bienfaits de la solitude, il y a le lâcher prise avec le monde extérieur pour se connecter avec ses désirs, ses rêves, son imagination et sa créativité. La solitude permet également de laisser place à des émotions qu'on ne s'autorise pas à exprimer en public : tristesse, colère, coup de blues… Pour mieux se connaitre et finalement s'ouvrir aux autres.

Dans le processus de construction, se confronter à soi-même est précieux pour vivre sereinement et trouver les clés de son bonheur. Pour bénéficier des bienfaits de la solitude, il suffit de s'accorder un moment pour dialoguer et écouter les différentes parties de soi. Réfléchir à qui l'on est, qui l'on souhaite devenir, visualiser le chemin parcouru, pour construire au fil du temps son identité. C'est en étant seul que l'on découvre nos richesses personnelles (nos qualités, nos talents, nos émotions positives…). Le moment idéal pour faire tomber le masque que l'on porte en société.

Il est important d'apprendre à s'accorder des moments, seul(e), qui seront libérateurs du regard des autres pour retrouver la liberté d'être soi-même. Avoir suffisamment confiance en soi pour penser par soi-même et assumer ses actes. Ou, comment profiter pleinement des bienfaits de la solitude. Quand ils sont maitrisés, les instants de solitude sont source d'épanouissement personnel et précieux. Ils aident à valoriser et augmenter l'estime de soi. Par ailleurs, de nombreuses activités peuvent être réalisées seul(e) : la lecture, le dessin, la cuisine ou encore l'écriture. Être seul(e) ou se sentir seul(e), telle est la question ! Mais, à la fin, prendre conscience des bienfaits de la solitude, peut t'aider à évoluer en tant que personne et à atteindre la sérénité et la maturité souhaitées.

Les spécialistes vous le diront, il est essentiel de vivre des moments de silence et de tranquillité au quotidien pour être heureux. Pourquoi ? Comme l'affirme Thich Nhat Hanh dans son livre Les bienfaits du silence, « sans le silence, nous ne vivons pas l'instant présent et cet instant est notre meilleure chance de trouver le bonheur. » Pour voir clair en nous-mêmes et entretenir des relations nourrissantes avec les autres, nous avons besoin d'épurer notre esprit des mots et pensées qui s'y bousculent. Au même titre que les plantes ont besoin de lumière pour grandir, nous avons besoin de périodes de silence pour nous épanouir.

*« Consacrer du temps au silence, c'est aussi prendre du temps pour être à l'écoute de soi et vivre dans le moment présent. »*